BEI GRIN MACHT SICH IHR WISSEN BEZAHLT

AF144775

- Wir veröffentlichen Ihre Hausarbeit, Bachelor- und Masterarbeit

- Ihr eigenes eBook und Buch - weltweit in allen wichtigen Shops

- Verdienen Sie an jedem Verkauf

Jetzt bei www.GRIN.com hochladen und kostenlos publizieren

Bibliografische Information der Deutschen Nationalbibliothek:

Die Deutsche Bibliothek verzeichnet diese Publikation in der Deutschen National-bibliografie; detaillierte bibliografische Daten sind im Internet über http://dnb.d-nb.de/ abrufbar.

Impressum:

Copyright © 2016 GRIN Verlag, Open Publishing GmbH
Druck und Bindung: Books on Demand GmbH, Norderstedt Germany
ISBN: 9783668389694

Dieses Buch bei GRIN:

http://www.grin.com/de/e-book/352672/jugendkulturen-und-jugendschutz-am-beispiel-der-hip-hop-und-rap-kultur

Anonym

Jugendkulturen und Jugendschutz. Am Beispiel der Hip Hop und Rap Kultur

GRIN Verlag

GRIN - Your knowledge has value

Der GRIN Verlag publiziert seit 1998 wissenschaftliche Arbeiten von Studenten, Hochschullehrern und anderen Akademikern als eBook und gedrucktes Buch. Die Verlagswebsite www.grin.com ist die ideale Plattform zur Veröffentlichung von Hausarbeiten, Abschlussarbeiten, wissenschaftlichen Aufsätzen, Dissertationen und Fachbüchern.

Besuchen Sie uns im Internet:

http://www.grin.com/

http://www.facebook.com/grincom

http://www.twitter.com/grin_com

Referat

Weiterbildenden Studiengang Soziale Arbeit für Erzieherinnen und Erzieher
der Universität Lüneburg

Jugendkulturen und Jugendschutz

Am Beispiel der Hip Hop/ Rap Kultur

Inhalt

Einleitung

Die folgende Arbeit befasst sich zum einen mit dem Thema Jugendkulturen, im Speziellen der Hip Hop Kultur. Zum anderen wird der Frage nachgegangen, welche Rolle der Kinder- und Jugendschutz bei diesem Thema spielt.

Anlass für die Themenwahl ist ein Beispiel aus der Praxis: Ich absolviere das studienbegleitende Praktikum in einem offenen Kinder- und Jugendtreff in Hamburg, dem HOT (Hohnerkamp Offener Treff). Unsere Besucherinnen und Besucher sind zwischen acht und 18 Jahren. Die Kerngruppe besteht zurzeit aus Acht- bis 12- Jährigen.

Es gehört zum normalen Treffalltag dazu, dass die Kinder und Jugendlichen auf ihren Smartphones Musik hören und Musikvideos ansehen. Solange dies von der Lautstärke andere Treff Besucher nicht stört, ist das auch legitim. Seit einiger Zeit jedoch werden vermehrt Musiktitel aus dem Bereich des Gangster- Raps abgespielt und sowohl Besucherinnen und Besucher als auch die Mitarbeiter wurden mit Texten konfrontiert, die inhaltlich sehr kritisch zu betrachten sind.

Zunächst haben wir uns bei den Hörerinnen und Hörern nach den Interpreten erkundigt, um eine Vorstellung davon zu bekommen, welche Künstler den Einzug in unseren Treff genommen haben. Bei einer Teamsitzung haben wir uns dann mit Textbeispielen dieser Rapper befasst und vorerst ein Verbot ausgesprochen, diese Musiktitel oder Videos im HOT abzuspielen. Es ist offensichtlich, dass dies keine dauerhafte Lösung darstellt, da sich die Kinder und Jugendlich einfach vor den Treff stellen und sich dieser Musik widmen. Des Weiteren haben bereits viele unserer Besucherinnen und Besucher den dort vorliegenden Sprachgebrauch zu ihrem gemacht und behaupten sich mit Verhaltensweisen, die ihnen ihre musikalischen Vorbilder geben.

Die gemeinsamen Textanalysen haben deutlich gezeigt, dass wir Mitarbeiter uns intensiv mit dem Thema befassen müssen. Es geht um die Kenntnisnahme, welche Künstler zurzeit „in" sind, welche Botschaften sie in ihren Texten transportieren und welcher Sprache sie sich bedienen. Weiterführend ist es von großer Bedeutung, dass wir Pädagogen verstehen lernen, warum genau diese Art von Musik bei unseren Besucherinnen und Besuchern so beliebt ist. Und angelehnt an unseren sozialarbeiterischen Auftrag, müssen wir Handlungsstrategien erarbeiten, welche sich zum einen medienpädagogisch und entwicklungsfördernd auf die Kinder und Jugendlichen auswirken und sich zum anderen auch an unseren Auftrag des Kinder- und Jugendschutzes halten.

Diese Arbeit stellt also nicht nur eine Prüfungsleistung im Rahmen meines Studiums dar, sondern ist auch die Grundlage für unsere Teamarbeit zum Thema Gangster- Rap und Jugendschutz.

1. Jugendkulturen

1.1 Definition

Eine Jugendkultur ist eine Verbindung von Gleichaltrigen. Der Ausgangspunkt dieser Verbindung ist in der Regel in der Orientierung an einer bestimmten Musik- oder Moderichtung zu finden. Die Interaktion innerhalb einer Jugendkultur fällt den Jugendlichen leichter als zu anderen Personenkreisen, da sie ein hohes Maß an Gleichheit in ihrer Kultur erleben. Sie treffen in der Jugendkultur auf Menschen, die gleiche Handlungsmuster und Realitätsinterpretationen haben. Eine Jugendkultur entwickelt eigene Werte und Normen, die verfolgt werden und sich deutlich von denen der Erwachsenen unterscheiden. Somit ist eine Jugendkultur auch eine Abgrenzungsmöglichkeit von der Erwachsenengesellschaft. (vgl. Peschke 2010, Pos.352- 377)

„Wer sich in einer Jugendkultur organisiert, orientiert sich gerade nicht an den durch die Schule vermittelten Bildungsgütern, sondern an Maßstäben und Materialien, die außerhalb der Schule produziert werden: Rock und Pop, Mode, Konsum, alternative Lebensformen, alles getragen und bearbeitet in erster Linie durch Medien als vermittelnder Instanz, gerade nicht durch Familie und/oder Schule." (zit. Baacke 1999, S. 143)

1.2 Jugendkulturen in Deutschland- Ein historischer Einblick

Die sogenannten *Jungdeutschen*[1] und die *Burschenschaften*[2] von 1871 bis 1920 können aus heutiger Sicht als Vorboten der Jugendkulturen betrachtet werden. Anfang des 19. Jahrhunderts entstand die Jugendbewegung *der Wandervogel*[3], deren Konstrukt dem Gesamtgesellschaftlichem widersprach und neue Orientierungsmöglichkeiten für Jugendliche bot. 1920 entstanden die ersten *Wilden Cliquen*[4], ihnen gehörten größtenteils Arbeitslose und sogenannte unqualifizierte Jugendliche an.

---

[1] Jungdeutscher Bund: „1917/19 als Älterengruppe gegründeter, völkisch gesinnter Jugendbund; löste sich am 1. 1. 1930 auf." (zit. http://universal_lexikon.deacademic.com/257417/Jungdeutscher_Bund)

[2] Burschenschaften: Die Urburschenschaft wurde 1815 gegründet; Protagonisten der Idee, alle Studenten zu einer Burschenschaft zusammen zu führen, war z.B. Ernst Moritz Arndt (deutscher Schriftsteller/ Historiker;*1769auf Rügen) (vgl. https://de.wikipedia.org/wiki/Burschenschaft)

[3] Wandervogelbewegung: „Hauptbestandteil einer sich am Anfang des Jahrhunderts im Kaiserreich herausbildenden eigenständigen Jugendbewegung, die eine von der älteren Generation unabhängige, jugendspezifische Lebensform anstrebte. Ab 1904 bildeten sich über das ganze Deutsche Reich verbreitet verschiedene Wandervogel-Bünde." (zit. https://www.dhm.de/lemo/kapitel/weimarer-republik/alltagsleben/wandervogelbewegung.html)

[4] Wilde Cliquen: Besonderes Kennzeichen, ihr nicht uniformiertes Auftreten; Mitglieder stammten aus Arbeiterfamilien. (vgl. http://www.jugend1918-1945.de/thema.aspx?s=1630&m=1629&open=1630)

Alle bis hierher entstandenen Jugendbewegungen wurden mit der Einführung der *Hitlerjugend*[5] und dem *Bund deutscher Mädel*[6] im Jahr 1933 abgelöst bzw. verboten.

Nach diesen Vorläufern wird der eigentliche Ursprung der Jugendkulturen in den 1950er Jahren gesehen, Vorreiter war hier die *Halbstarkenbewegung*[7]. In dieser Zeit wurden Bereiche wie Kunst, Musik, Medien und Sport zu Schlüsselobjekten für die individuelle Identifizierung. Auch das optische Erscheinungsbild, Kleidung und Frisuren erhielten einen neuen Stellenwert. Besonders aus dem Bereich der Popmusik entwickelten sich Künstler wie Elvis Presley zu Vorbildern, dessen Musik zum Ausdrucksmedium der Teenager wurde.

In den 60er Jahren des 20. Jahrhunderts entwickelten sich zwei starke Kulturen, die der damaligen Auffassung Jugendkultur als Gegenkultur zu verstehen, total entsprachen: Die *68er Bewegung*[8] und die *Hippie- Kultur*[9]. Begleitet von zahlreichen anderen Bewegungen wie zum Beispiel der *Jugenzentrumsbewegung*[10], sorgten diese Jugendkulturen in den 1960er und 1970er Jahren für ein Umdenken in Bezug auf Jugend und Jugendkulturen. Sie wurden fortan nicht mehr als einheitlicher Zustand einer bestimmten Altersgruppe, sondern als vielschichtiges und facettenreiches System angesehen.

Drohende Arbeitslosigkeit und erhöhte Zukunftsbelastungen führten Ende der 70er bzw. Anfang der 80er Jahre bei zahlreichen Jugendlichen zu einem perspektivlosen Lebensgefühl. Viele von ihnen fanden Halt in einer Jugendkultur wie den *Punks*[11] oder den *Hausbesetzern*[12].

Im Laufe des 20. Jahrhunderts haben sich Jugendkulturen stark vermehrt, heute ist es selbst Fachleuten kaum möglich die Vielfalt dessen zu überblicken. Besonders im Bereich Musik lassen sich heute

---

[5] Hitlerjugend: Die Jugend- und Nachwuchsorganisation der Nationalsozialistischen Arbeiterpartei; ab 1933 einziger, staatlicher Jugendverbund. (vgl. https://de.wikipedia.org/wiki/Hitlerjugend)

[6] Bund deutscher Mädel: weiblicher Gegenpart zur Hitlerjugend. (vgl. https://de.wikipedia.org/wiki/Bund_Deutscher_M%C3%A4del)

[7] Halbstarkenbewegung: Inspiriert von Trends aus Amerika trugen sie Jeans und Lederhosen. Ihr Aussehen und ihr Benehmen sorgten für Aufsehen. (vgl. http://lehrerfortbildung-bw.de/allgschulen/alle/jugendidole/sequenz/zeitung/fans/kultur/)

[8] 68er-Bewegung: „Internationale und politisch linksgerichtete Bürgerrechtsbewegungen, die Mitte der 1960er Jahre aktiv geworden sind." (zit. https://de.wikipedia.org/wiki/68er-Bewegung)

[9] Hippie- Kultur: Gegenkulturelle Jugendbewegung; entstanden in den USA; geprägt von gemeinschaftlichen Konzepten und Selbstverwirklichung. (vgl. https://de.wikipedia.org/wiki/Hippie)

[10] Jugendzentrumsbewegung: Das Bedürfnis der Jugend nach selbstverwalteten Räumen findet seinen Ausdruck in dieser Bewegung. (vgl. http://www.ebbe-koegel.de/revoludsjo.html)

[11] Punk: „Eine Jugendkultur, die Mitte der 1970er Jahre in New York und London entstand. Charakteristisch für den Punk sind provozierendes Aussehen, eine rebellische Haltung und nonkonformistisches Verhalten." (Zit. https://de.wikipedia.org/wiki/Punk)

[12] Hausbesetzerbewegung: politischer Protestakt gegen das bestehende System, aufgrund von Wohnungsmangel, Arbeitslosigkeit und Abgrenzung vom politisch, wirtschaftlichen Gesellschaftsstrom. (vgl. https://de.wikipedia.org/wiki/Hausbesetzung)

vielzählige Jugendkulturen wie z.B. die *Hip Hopper* bzw. *Rapper[13]* als weitverbreitete Kulturen finden. (vgl. Peschke 2010, Pos. 449- 566)

1.3 Zusammenfassung

Jugendkulturen der heutigen Zeit unterscheiden sich sicherlich von den Früheren. Sie sind häufig losgelöst von der rein politischen Motivation, sie stehen jedem offen, da sie in der Regel unabhängig von sozialen Schichten und Milieus existieren. Dennoch dienen Jugendkulturen bis heute der Abgrenzung, Orientierung und dem Ausdruck bestimmter Lebens- bzw. Gefühlslagen der Jugendlichen.

Rituale, ein bestimmter Kleidungsstil, eine Szenesprache und das Aufeinandertreffen Gleichgesinnter bietet den Jugendlichen, neben Schule und Familie, eine wichtige Instanz, um sich in der Identitätsentwicklung orientieren und entfalten zu können. Jugendkulturen heute haben eher einen gewissen Selbstzweck, als dass es darum geht, gegen etwas anderes zu demonstrieren. (vgl. Peschke 2010, Pos.585-595)

2. Hip Hop- ein Beispiel heutiger Jugendkulturen

2.1 Begriffsklärung

Der Begriff **Hip Hop** bezeichnet eine weltweit verbreitete Subkultur, der sich auch zahlreiche Jugendliche anschließen. Die Kultur entwickelte sich in den 70er Jahren in den USA und war einst eine maßgebliche Straßenkultur. Die Hip Hop Kultur besteht aus vier tragenden Elementen: Dem DJing, dem B-Boying bzw. Breakdance, dem Graffiti- Writing und der Rap Musik.

Der **Rap** ist also eine Säule der Hip Hop Kultur, wobei im Rahmen der Kommerzialisierung der Fokus auf diesem musikalischen Sprechgesang liegt und häufig als Hauptelement oder sogar als eigene Kultur angesehen wird. Die Ursprünge des Rappens werden auf die afro- amerikanische Kultur zurückgeführt. Heute haben sich auch zahlreiche deutsche Künstler mit dem rhythmischen Sprechgesang in der Musikszene etabliert. Allerdings haben sich auch einige Untergruppen des ursprünglichen Raps gebildet, so zum Beispiel der Gangster- und Porno- Rap. Diese Formen müssen von der Ursprungsform abgegrenzt werden, da sie sich in sehr kritisch zu betrachtender Form mit politischen, sozialen und gesellschaftlichen Themen befassen. (vgl. http://www.plasticlittleraps.com/de/unterschiede-zwischen-rap-und-hip-hop.html)

---

[13] Auf diese Jugendkultur wird im folgenden Kapitel näher eingegangen, als exemplarische Jugendkultur der heutigen Zeit.

2.2 Geschichte der Hip Hop Kultur

Als Ursprungsort der Hip Hop Kultur gilt der New Yorker Stadtteil South Bronx. Der soziale Verfall und die Kriminalität prägten Ende der 1970er Jahre das Straßenbild dieses Stadtteils. *Afrika Bambaataa* war es, der den Hip Hop maßgeblich prägte. Als Vorreiter durchbrach dieser Künstler die vorherrschenden Zustände, in denen Konflikte unter den Straßengangs ausschließlich durch Schießereien und Gewalt gelöst wurden. Der von ihm geschaffene *Battle Rap* sollte die neue, gewaltfreie Bewältigung der Gangrivalitäten darstellen. Dieser Battle Rap unterlag zwei klaren Regeln: Rassistische Äußerungen und Beleidigungen gegenüber der Familie waren verboten. Ansonsten konnten die rivalisierenden Rapper in Form von Beleidigungen den Anderen bekämpfen, das sogenannte *dissen*. Das Publikum entschied darüber, wer diesen Kampf am Ende gewann. Anfang der 80er Jahre traf diese urige Straßenkultur auf die Kommerzialisierung. Die ersten Schallplatten des Battle Raps wurden aufgenommen. Und bereits zu diesem Zeitpunkt war es eine große Herausforderung, fern ab vom Straßenbattle, eine klare Grenze zwischen Gewalt- und Straftatenverherrlichung und Sozialkritik zu ziehen, da dem Hörer die Texte fern ab des eigentlichen Kontextes begegneten. (vgl. Klein/ Friedrich 2003, S. 7-17)

2.3 Hip Hop in Deutschland: Vom Ursprung zur Neuzeit

Erst Ende der 80er Jahre entwickelte sich eine neue Generation der Hip Hopper, die auch in Deutschland großen Erfolg hatte. Es waren Künstler wie *Eminem* oder *50Cent*. Jedoch gelang es ihnen nicht, die Ernsthaftigkeit der ursprünglichen New Yorker Bronx Kultur aufrecht zu erhalten. Deutsche Vorreiter waren *Massive Töne*, *Absolute Beginner* und *Freundeskreis*, die alle in den 1990er Jahren bekannt wurden. Sie gehörten noch zu den Rapgruppen, die das Ziel verfolgten alle prägnanten Elemente der Ursprungskultur zu wahren und aufzugreifen. Jedoch hielt der Erfolg dieses Spaß- und Politraps nicht lange an. Anfang 2000 fanden Porno-Reime und Kraftausdrücke den Einzug in diese Musikszene: „Die freundlichen Gesichter des Deutschrap wichen den düsteren Blicken aus der Nordweststadt oder aus Kreuzberg." (zit. Peschke 2010, Pos. 1448) Der neu erschaffene Gangster- Rap sorgte für den größten kommerziellen Erfolg der deutschen Hip Hop Kultur, bis heute. Das Musiklabel *Aggro Berlin* gilt als Vorreiter für die neue, marktorientierte Kultur. (vgl. Peschke 2010, Pos. 1396- 1489)

2.4 Eine ganz besondere Kultur: Gangster- Rap

Zu den aktuellen Künstlern des Gangster- Rap zählen unter anderem *Bushido, Haftbefehl, Kollegah & Farid Bang* und der vielleicht für viele bekannte Interpret *Sido*.

Der Gangster- Rap ist gekennzeichnet von Liedern, deren Inhalte sich auf die Maximierung des sexuellen Lustgewinns des Mannes fokussieren und dabei die Rolle der Frau auf ein ständig verfügbares, sexuelles

Objekt beschränken. Frauen werden häufig auf diskriminierende Weise nach ihren Geschlechtsteilen oder Schimpfwörtern benannt. Für das Jugendalter wichtige Themen wie Liebe, Freundschaft und zwischenmenschliche Beziehungen findet man in den Texten kaum. Neben einem oft derben und anzüglichen Sprachgebrauch, transportieren die Lieder häufig eine kritisch zu betrachtenden Botschaft zum Umgang mit Drogen und Straftaten. (vgl. BPJM Thema 2008, S.17- 20)

Textbausteine des Titels *Endlich Wochenende* von *Sido*, welcher 2004 erschienen ist, verdeutlichen das Problemfeld Gangster- Rap:

Erste Strophe:
Ich nehm jeden Tag Drogen, mal weniger mal mehr!
Mal mit Action und mal ganz leger!
Doch am Wochenende geht's erst richtig los!
Pillen fressen, Nasen zieh'n, Wodka saufen, Prost!
Freitag ist Hightag, vielleicht ein paar Drinks!
5 dicke Joints und 10 Tequilla mit links!
Dann kommen die Homies Egon und Manfred
und erzählen mir voll drauf, dass 'ne Technoparty ansteht!
Ich bin dabei! Jetzt bin Ich high für drei!
Und Ich hab doch sonst nichts anzustellen mit meiner Zeit!
Noch vor dem Club holt Egon die E's raus,
Technoparties auf Extasy, Ich steh drauf!
Rein in den Club, umgeguckt, dann zur Bar!
Wodka-Redbull und 'ne Pille mit ins Glas!
Nur noch kurz warten, das Zeug wirkt langsam!
Doch wenn es wirkt, dann kann das Wochende anfangen!

Der Rapper beschreibt in diesem Lied das perfekte Wochenende, zudem die Einnahme von Drogen jeglicher Art unumgänglich und völlig „normal" ist. Aufgrund dieser Botschaften wurde der Titel im Jahr 2005 von der Bundesprüfstelle als jugendgefährdend eingestuft. (vgl. Peschke 2010, Pos. 1711- 1753)

Auch an dem Titel *Nur Du bist der Baba* von *Haftbefehl* wird deutlich, warum Gangster- Rap in Deutschland eine stark umstrittene Position hat:

Zweite Strophe:
H-A-F-T [....] fat booty, [..........] nur mi'm Black Beauty
Im Sushi-Restaurant geb ich ihr mein Hotel Room Key
Dresscode Gucci und ihr Parfum ist von Chanel

Neunzehn Jahre jung, doch nicht mehr Jungfrau wie Arielle

Sie wird in Mund und Arsch gebangt, weil's der Nutte hart gefällt

Fiste ich ihre Mumu eine Runde und dann noch Bang Boom Bang

Was ein Hammer Fahrgestell Kleid schwarz und Tanga gelb

Arschbacken hart knackig à la Pamela Andersson

Sie sagt, sie will mit Gangstern häng'n, hält nicht viel von Gentlemens

Und darauf sag ich: "Fresse dicht, bevor du Schelle fängst"

Bin zwar kein Zuhälter, doch Homie im SL Benz

Booty Call im Lorinser, der Beat geht "däräm, däräm"

Der Titel stammt von dem Album *Blockplatin*, welches seit Ende 2015 als jugendgefährdend gilt und nicht mehr an Minderjährige verkauft bzw. zugänglich gemacht werden darf. (vgl. http://hessenschau.de/kultur/haftbefehl-album-landet-auf-dem-index,haftbefehl-indiziert-100.html)

Für Jugendliche bietet dieses Sub Genre dennoch besondere Funktionen:

- Die mögliche Abgrenzung zur bürgerlichen „normalen" Welt

- Extreme Stimmungslagen und Bedürfnisse werden bestätigt

- Sie können sich selbst als eigenständig, selbstbewusst und unverwundbar erleben und darstellen

- Die mögliche Abgrenzung von der eigenen Kindheit und sich selbst als erwachsen definieren

- Das Wechselspiel von Unterlegenheit und Überlegenheit zu erleben

- Sich emotional in die Welt der Musik zurückziehen

- Das eigene Handeln und Verhalten bestätigen und legitimieren

- Sich mit Vorbildern identifizieren („Die haben es geschafft")

- Eigene biografische Erfahrungen zu spiegeln

- Sich ein „Gangster Image" auferlegen (Herschelmann 2015, S. 73)

Ein 15- Jähriger aus Bonn: „Viele Jugendliche hören *Haftbefehl* und andere Gangster- Rapper. Sie mögen die Reime und singen sie auch nach. Doch es gibt auch die Gefahr, dass man das für normal hält. Und es gibt auch den Anreiz und Aufforderungen in Cliquen, etwas „real" zu machen." (zit. http://www.haz.de/Nachrichten/Kultur/Uebersicht/Mehr-Gewalt-durch-Rap-im-Internet)

3. Ein Blick auf den Jugendschutz

Der Kinder- und Jugendschutz steht unter dem Leitgedanken der Prävention und basiert auf drei Elementen: Dem erzieherischen, strukturellen und ordnungsrechtlichen und Kinder- und Jugendschutz.

Der erzieherische Kinder- und Jugendschutz: Kinder und Jugendliche sollen dazu befähigt werden, Gefahren zu erkennen, sie kritisch zu betrachten und gemeinsam mit anderen zu bewältigen. Die Entscheidungsfähigkeit und Eigenverantwortlichkeit des Einzelnen soll herausgebildet werden und die Übernahme von Verantwortung gegenüber den Mitmenschen soll erlernt werden. Auch Eltern bzw. Erziehungsberechtigte sollen dabei unterstützt werden, Kinder und Jugendliche vor Gefährdungen zu schützen. Wichtige Angebote sind zum Beispiel aus dem Bereich Medienpädagogik, Sucht- und Gewaltprävention und Konszumerziehung gemäß §14 SGB VIII zur Verfügung zu stellen.

Der strukturelle Kinder- und Jugendschutz: Die Jugendhilfe ist gemäß §1 Abs.3 SGB VIII dazu verpflichtet, dazu beizutragen, dass Kinder und Jugendliche positive Lebensbedingungen zum Aufwachsen vorfinden. Weiterhin soll die Jugendhilfe dazu beitragen, dass das Umfeld kinder- und familienfreundlich gestaltet ist. Sogenannte Gefährdungspotenziale sollen von Anfang an aufgegriffen und abgebaut werden. Dazu gehört auch, dass die Jugendhilfe sich als aktiver Teil des Systems versteht. Akteure müssen in allen strukturgebenden Bereichen des gesellschaftlichen Lebens handeln.

Der ordnungsrechtliche Kinder- und Jugendschutz: Kindern und Jugendlichen sollen Rahmenbedingungen in unserer Gesellschaft geboten werden, die das Aufwachsen ohne massive Gefährdungen ermöglichen. Drei zentrale Jugendschutzgesetze stellen die rechtlichen Grundlagen dar: Das Jugendschutzgesetz (JuSchG), das Jugendarbeitsschutzgesetz (JArbSchG) und der Jugendmedienschutz Staatsvertrag (JMStV). (vgl. http://www.landkreis-coburg.de/files/saeulen-des-jugendschutzes.pdf)

4. BPjM- Die Bundesprüfstelle für jugendgefährdende Medien

Die Bundesprüfstelle für jugendgefährdende Medien ist eine Bundesbehörde, die dem Bundesministerium für Familie, Senioren, Frauen und Jugend unterstellt ist.

Bereits 1953 trat das Gesetz über die Verbreitung jugendgefährdender Schriften (GjS[14]) in Kraft und die damit verbundene Bundesprüfstelle (BPjS) entstand. Im Jahr 1978 wurde der Kreis der

---

[14] Im folgenden Text wird für diesen und ähnliche Fälle je nach Lesefreundlichkeit die Abkürzung oder die vollausgeschriebene Bezeichnung verwendet

Antragsberechtigten ausgeweitet, sodass auch alle Landesjugendämter und alle örtlichen Jugendämter Indizierungsanträge erläutern bei der BPjS stellen konnten.

Um auf den Mitte der 80er Jahre aufkommenden neuen Trend der Videofilme zu reagieren, die zunächst keinen Kennzeichnungs- und Freigabevorschriften unterlagen, wurde das Gesetzt dementsprechend verändert. Anfang 1990 entstand ein erhöhtes Aufkommen von Anträgen auf die Indizierung von Tonträgern und Internetangeboten mit rechtsradikalen oder pornografischen Inhalten.

Am 23.07.2002 trat das Jugendschutzgesetz (JuSchG) in Kraft, welches das Gesetz zum Schutz von der Jugend in der Öffentlichkeit und das Gesetz über die Verbreitung jugendgefährdender Schriften zusammenfasste. Es entstand die Bundesprüfstelle für jugendgefährdende Medien. Auch die Anregungs- bzw. Antragsberechtigung wurde erneut ausgeweitet, so wurden beispielsweise auch alle Träger der freien Jugendhilfe anregungsberechtigt. (vgl. http://www.bundespruefstelle.de/bpjm/Aufgaben/geschichte.html)

4.1 Das Indizierungsverfahren- Rechtliche Hintergründe

Die Zuständigkeiten der Bundesprüfstelle für jugendgefährdende Medien werden im Jugendschutzgesetz in den §§ 15- 19 geregelt.

Grundsätzlich wird die BPjM niemals von sich aus tätig. Es muss immer eine Anregungs- bzw. Antragsberechtigte Stelle aktiv geworden sein, damit die Bundesprüfstelle ein Indizierungsverfahren aufnimmt. Stellt eine der rund 800 gemäß § 21 Abs.1 JuSchG Antragsberechtigten Stellen[15] einen Antrag auf Indizierung, muss die BPjM umgehend ein Verfahren einleiten. Anders verhält es sich bei der Anregung auf eine Indizierung. Hier wird vorerst von der Vorsitzenden/ dem Vorsitzenden der Bundesprüfstelle für jugendgefährdende Medien geprüft, ob die Anregung tatsächlich im Interesse des Jugendschutzes geboten ist, was in der Regel der Fall ist. (vgl. BPJM 6-7)

Ob Medien als jugendgefährdend eingestuft werden entscheidet das sogenannte 12er Gremium der BPjM, bei einer ganz offensichtlichen Gefährdung entscheidet das 3er Gremium. Die Gremien setzten sich aus Personen unterschiedlicher Fachkreise zusammen: Kunst, Literatur, Buchhandel und Verlegerschaft, Anbieter von Bildträgern und Telemedien, Träger der freien Jugendhilfe, Lehrerschaft und Kirchen. (vgl. http://www.bundespruefstelle.de/bpjm/Aufgaben/Die-Behoerde/gremien.html)

Die folgende Grafik der Bundesprüfstelle veranschaulicht das Verfahren:

---

[15] Antragsberechtigte: Bundesministerium für Familie, Senioren, Frauen und Jugend; oberste Landesjugendbehörden; Kommission für Jugendschutz; Landesjugendämter; Jugendämter

Ablauf eines Indizierungsverfahrens

(Grafikquelle: http://www.bundespruefstelle.de/RedaktionBMFSFJ/RedaktionBPjM/PDFs/bpjm-thema-jugendmedienschutz,property=pdf,bereich=bpjm,sprache=de,rwb=true.pdf

4.2 Jugendgefährdende Tatbestände

Es wird unterschieden zwischen schwer jugendgefährdenden und einfach jugendgefährdenden Medien. Gemäß § 15 Abs. 2 JuSchG ist es für schwer jugendgefährdende Medien nicht notwendig sie mittels Indizierungsverfahren zu listen, da sie bereits gesetzlichen Vorschriften unterliegen, die zu einem Verbot führen. (vgl. BPJM 8)

12

Zu den schwer jugendgefährdenden Medien zählen Medien, die:

1. einen der in § 86, § 130, § 130a, § 131, § 184, § 184a, 184b oder § 184c des Strafgesetzbuches bezeichneten Inhalte haben,

2. den Krieg verherrlichen,

3. Menschen, die sterben oder schweren körperlichen oder seelischen Leiden ausgesetzt sind oder waren, in einer die Menschenwürde verletzenden Weise darstellen und ein tatsächliches Geschehen wiedergeben, ohne dass ein überwiegendes berechtigtes Interesse gerade an dieser Form der Berichterstattung vorliegt,

4. besonders realistische, grausame und reißerische Darstellungen selbstzweckhafter Gewalt beinhalten, die das Geschehen beherrschen,

5. Kinder oder Jugendliche in unnatürlicher, geschlechtsbetonter Körperhaltung darstellen oder

6. offensichtlich geeignet sind, die Entwicklung von Kindern oder Jugendlichen oder ihre Erziehung zu einer eigenverantwortlichen und gemeinschaftsfähigen Persönlichkeit schwer zu gefährden. (vgl. Jugendschutzgesetz...)

Die einfach jugendgefährdenden Medien werden nach folgenden Tatbeständen untersucht:

1. Die Unsittlichkeit: Hierzu zählen Medien, deren Inhalte zwar nicht den Strafbestand der Pornographie erfüllen, aber dennoch einen umstrittenen sexuell- erotischen Inhalt haben, die das Scham- und Sittlichkeitsgefühl des Einzelnen verletzten. Dies kann schon der Fall sein, wenn Menschen unter bestimmten Umständen nackt dargestellt werden, Prostitution oder Gruppensex verherrlicht wird oder aber Frauen und Männer in irgendeiner Weise entwürdigend dargestellt werden. Ein wichtiges Erziehungsziel ist es, die Sexualität in die Gesamtpersönlichkeit zu integrieren. Wenn Kinder und Jugendliche während ihrer Entwicklung Medien konsumieren, deren Inhalte von der sittlichen Norm abweichen, kann es zu einer massiven Beeinflussung ihres Denkens, Fühlens und Handelns kommen. Die negative und herabwürdigende Darstellung der Frau birgt besonders für männliche Jugendliche die Gefahr, dass sie den vorgegebenen, verächtlichen Umgang mit Frauen übernehmen und als richtig ansehen.

2. Verrohende und zu Gewalt anreizende Wirkung von Gewaltdarstellungen: Medien, deren Inhalte im Gesamtkontext überwiegend auf Gewalt- und Tötungshandlungen basieren, bieten einen erhöhten Anreiz für Kinder und Jugendliche gewalttätiges Verhalten auszuüben. Auch die detaillierte Darstellung von Mord und Gewalt zählt als jugendgefährdend. Sobald Gewalttaten legitimiert oder gerechtfertigt werden, besteht die Gefahr, dass Kindern und Jugendlichen ein falsches Bild vermittelt wird, welches nicht der Realität entspricht. (vgl. BPJM S.9-10)

3. Anreize zum Rassenhass: Im Sinne des Diskriminierungsverbotes des Grundgesetztes, dürfen Medien ihre Inhalte nicht an Rassenhass ausrichten. Eine feindselig dargestellte Haltung gegenüber Gruppen, die einer anderen Nation, Religion oder Ähnlichem angehören, birgt die Gefahr, dass Kinder und Jugendliche diese Haltung als normal annehmen und erhöht das Risiko tatsächlicher eintreffender Übergriffe auf diese Gruppen. Diskriminierung darf nicht als nachahmenswert oder gar imagefördernd dargestellt werden.

4. NS- Verherrlichung: Eine Verherrlichung des Nationalsozialismus, liegt zum Beispiel dann vor, wenn verfälschte oder unzureichende Informationen zu einer Verharmlosung der damaligen Regierungszeit führt. Die Rassenlehre und die Kriegsbereitschaft dürfen weder legitimiert noch propagiert werden.

5. Diskriminierung von Menschen: Medien deren Inhalte die Diskriminierung von Menschen oder Gruppen verharmlosen oder sogar dazu auffordern, gelten als jugendgefährdend. Kindern und Jugendlichen darf nicht vermittelt werden, dass die Diskriminierung beispielsweise von Frauen, Homosexuellen oder behinderten Menschen ein erstrebenswertes und gerechtfertigtes Verhalten ist.

6. Verherrlichung bzw. Verharmlosung von Drogenkonsum: Wird der Drogenkonsum in den Medien verharmlost, besteht für Kinder und Jugendliche die Gefahr, dass ihnen nur die positiv empfundenen Rauscherscheinungen, nicht aber die gesundheitlichen Folgen des Drogenkonsums vermittelt werden. Des Weiteren sollten Medien nicht dazu auffordern Drogen auszuprobieren.

Wurde ein Medium von der Bundesprüfstelle indiziert, so darf es in, für Kinder und Jugendliche zugänglichen Geschäften nicht verkauft bzw. angeboten werden. Außerdem darf es nicht öffentlich beworben werden. (vgl. BPJM aktuell, S.9- 18)

4.3 Angebote der BPJM

Die Bundesprüfstelle für jugendgefährdende Medien bietet neben einer Telefonberatung einige Informationen auf ihrer Webseite. Unter der Rubrik Publikationen kann beispielsweise die Broschüre „Jugendmedienschutz- Aufgaben und Arbeitswesen der Bundesprüfstelle für jugendgefährdende Medien" kostenlos herunter geladen werden. Das amtliche Mitteilungsblatt „BPJMaktuell" wird Behörden, Bibliotheken, Schulen und Jugendhilfeeinrichtungen kostenlos zugesendet, für Einzelpersonen ist es käuflich zu erwerben. Darin findet man die aktuelle Indizierungsliste, Fachbeiträge sowie Neuerungen im Jugendmedienschutz. Auf ihrer Homepage stellt die Bundesprüfstelle auch für den Medienumgang und Jugendschutz relevante Gesetztestexte zu kostenlosen Download zur Verfügung. Des Weiteren steht eine umfangreiche Liste im Bereich Medienerziehung zur Ansicht, auf der zahlreiche Internetlinks zu finden sind, die für die Medienerziehung hilfreich sind. (vgl. www.bpjm.de)

5. Fazit

Die Existenz von Jugendkulturen ist kein Phänomen der Neuzeit, das zeigt der geschichtliche Abriss im ersten Teil der Arbeit. Festzuhalten ist auch, dass Jugendkulturen nach wie vor eine große Bedeutung haben in der Entwicklung der Jugendlichen. Sie bieten Halt, Orientierung, Identifikationsmöglichkeiten und das Gemeinschaftsgefühl unter Gleichgesinnten.

Eine Schaffung der Neuzeit ist die besondere Kultur *Gangster- Rap*. Sie ist unter den deutschen Jugendlichen sehr verbreitet und birgt Facetten in sich, die eine intensive Auseinandersetzung von Eltern, Pädagoginnen und Pädagogen und den Jugendlichen selbst abverlangt.

„Jugendgewalt fängt nicht erst beim Begehen einer Tat an. Viele Jugendliche konfrontieren sich selbst jeden Tag mit Gewalt: Sie hören Musik mit gewaltassoziierten Inhalten: Rechtsextremismus, Rassismus, Sexismus und andere Formen von Diskriminierungen sind dabei an der Tagesordnung." (zit. Hoffmann 2015, S.7)

Ob der Konsum von Gangster- Rap eine Gefährdung für Jugendliche darstellt, hängt sicherlich auch von sehr individuellen Faktoren ab. So besteht beispielsweise ein Unterschied darin, ob die Jugendlichen sich gelegentlich diese Musik anhören, um vielleicht zu einer bestimmten Gruppe dazuzugehören, oder ein bewusster und gezielter Konsum vorliegt, der mit einer Identifikation einhergeht. Die eigene Biographie, der situative Zusammenhang und der soziokulturelle Hintergrund des Einzelnen spielen bei der Frage nach der Auswirkung dieser Musik auch eine entscheidende Rolle. Zwar gibt es noch keine wissenschaftlichen Studien darüber, ob bzw. inwieweit sich die gewaltvollen Inhalte dieser Musik auf das Verhalten der Jugendlichen auswirken. Dennoch ist schon die reine Konfrontation damit Grund für eine kritische Betrachtungsweise. (vgl. Herschelmann 2015, S. 88- 89)

Die Bundesprüfstelle für jugendgefährdende Medien stellt eine wichtige Unterstützung bei diesem Thema dar, jedoch reichen ihre Indizierungsmöglichkeiten nur begrenzt aus: Im Internet können die Jugendliche auf verschiedenen Plattformen Musikvideos hören bzw. ansehen, deren Inhalte laut Prüfstelle als jugendgefährdend gelten.

In der heutigen Zeit, in der bereits sehr junge Jugendliche einen relativ uneingeschränkten Zugang zu unzähligen Medien und Kommunikationsplattformen haben, ist es nur schwer möglich, sie vor medialen Gefährdungen zu schützen. Eine noch größere Bedeutung erhält dadurch der professionelle Umgang mit diesem Thema:

Grundsätzlich muss der Frage nachgegangen werden, welche Beweggründe die/der Jugendliche hat, weshalb Gangster-Rap gehört wird. Welche Bedürfnisse werden durch den Konsum befriedigt und für wen könnte er gefährlich werden? Eine weitere Frage, der Fachleute sich zuwenden ist, warum Gangster-Rap ausgerechnet jetzt so beliebt ist. In diesem Zusammenhang wird die Frage nach einer neuen antidemokratischen Dimension und eventuell versäumten Integrationsprozessen diskutiert. (vgl. Herschelmann 2015, S. 90- 91)

Das in unserer Einrichtung ausgesprochene Verbot, diese Musik im Kinder- und Jugendtreff abzuspielen, schützt Besucherinnen und Besucher, die bisher keinen Kontakt zu diesem Genre hatten vor der Konfrontation. Weitergehend wird damit unsere Haltung als pädagogische Einrichtung deutlich gemacht: Gewaltvolle und diskriminierende Inhalte werden nicht geduldet. Diese Positionierung ist besonders wichtig, sie bietet den Jugendlichen Orientierung und sie können sich in eine kritische Auseinandersetzung mit uns begeben. Es ist wichtig, den Jugendlichen die Möglichkeit zu geben, über kritische Inhalte zu diskutieren. Hierfür ist es zwingend notwendig, dass die Mitarbeiterinnen und Mitarbeiter sich mit der Musik befassen, ihre Inhalte und Botschaften kennen und diese aus verschiedenen Positionen zu beleuchten. Die Auseinandersetzung sollte neben den frauenfeindlichen, pornographischen und gewalt- und drogenverherrlichenden Aspekten, den Fokus auch auf das in der Musik transportierte Männerbild legen. Auch in unserer Einrichtung hören besonders viele männliche Jugendliche den Gangster- Rap und es ist nicht außer Acht zu lassen, welchen Einfluss das dargestellte Männerbild auf ihre Entwicklung nehmen kann. Ihnen muss eine kritische Betrachtung dieser „Gangster-Männer" geboten werden und vor allem sollten ihnen Alternativen aufgezeigt werden. (vgl. Herschelmann 2015, S.91- 93)

Besonders die offene Kinder und Jugendarbeit stellt hierfür geeignete Rahmenbedingungen: Die Kinder und Jugendlichen besuchen die Einrichtung freiwillig und gestalten die Intensität der Beziehung zu den Erwachsenen aktiv mit. Anders als in der Schule oder der Familie, in der Auseinandersetzungen dieser Art oft als „auferlegt" oder „moralisch" empfunden werden, haben wir die Möglichkeit diese Diskussion partnerschaftlich zu gestalten. Als Mitarbeiter der offenen Kinder und Jugendarbeit setzen wir uns nicht als Lehrende oder strenge Erziehungsberechtigte mit den Betroffenen zusammen, sondern als Begleiter und Unterstützer. Das Gefühl des erhobenen Zeigefingers ist für die Kinder und Jugendlichen in diesem Rahmen weniger vorhanden, als in anderen Institutionen.

Abschließend muss festhalten werden, dass eine Auseinandersetzung mit diesem Thema zwingend notwendig ist. Ob diese als gemeinsames, medienpädagogischen Projekt, zudem vielleicht sogar Fachleute hinzugezogen werden, oder in Kleingruppen oder Einzelarbeit vollzogen wird, hängt von den individuellen Möglichkeiten und Bedarfen der Einrichtung ab.

Literaturverzeichnis

Baacke, Dieter: Jugend und Jugendkulturen. Darstellung und Deutung. München 1999, 3.
überarb. Aufl.

Baacke, Dieter: Handbuch Jugend und Musik. Opladen 1998

Hoffmann, Gabriele: Musik& Gewalt. Aggressive Tendenzen in musikalischen
Jugendkulturen. Augsburg 2015

Klein, Gabriele/ Is this real? Die Kultur des HipHop. Frankfurt am
Friedrich, Malte: Main 2003. Originalausgabe

Wiegel, Martin: Deutscher Rap. Eine Kunstform als Manifestation von Gewalt? Marburg
2010

Ebooks:

Peschke, André: HipHop in Deutschland: Analyse einer Jugendkultur aus pädagogischer
Perspektive. Hamburg 2010[16]

Internetquellen:

http://www.welt.de/kultur/pop/article115793684/Deutscher-Rap-und-das-Spiel-mit-dem-Hass-auf-
Juden.html

http://www.suedwind-magazin.at/zwischen-subkultur-protest-und-gangster-rappern

http://lexikon.stangl.eu/527/jugendkultur/

http://www.bundespruefstelle.de/

http://www.socialinfo.ch/cgi-bin/dicopossode/show.cfm?id=323

http://hessenschau.de/kultur/haftbefehl-album-landet-auf-dem-index,haftbefehl-indiziert-100.html

http://fsf.de/data/hefte/ausgabe/47/linz064_tvd47.pdf

http://www.stern.de/kultur/musik/deutsch-rap-krasse-songs-ueber-willige-girls-3287088.html

Letzter Zugriff auf alle URL: 14.06.2016 17:06 Uhr

---

[16] Kann bei Bedarf kostenlos zur Verfügung gestellt werden

BEI GRIN MACHT SICH IHR WISSEN BEZAHLT

- Wir veröffentlichen Ihre Hausarbeit, Bachelor- und Masterarbeit

- Ihr eigenes eBook und Buch - weltweit in allen wichtigen Shops

- Verdienen Sie an jedem Verkauf

Jetzt bei www.GRIN.com hochladen und kostenlos publizieren